EN ITALIE

NOTES

DE

TOURISTE

PAR A. B.

ÉTUDIANT EN MÉDECINE

EN ITALIE

NOTES

DE

TOURISTE

PAR A. B.

ÉTUDIANT EN MÉDECINE

« Il n'y a de bon dans l'homme
que ses jeunes sentiments et ses
vieilles pensées. »

JOUBERT.

Ⓒ

Je transcris ici quelques notes trouvées dans les papiers d'un ami, notes sans suite le plus souvent et écrites en triste prose; mais vous le savez assez, il n'était ni poète, ni peintre, ni même archéologue. Ce n'était qu'un pauvre touriste, un curieux, un naïf, un désintéressé, un chercheur d'images et de couleurs,

Azur à pleins regards et brise à pleins cheveux! Voilà surtout ce qu'il était allé demander à l'Italie.

En prenant ces notes, il me disait : « Ignores-tu donc combien il est parfois utile de fixer, même d'une façon imparfaite, le souvenir fugitif des choses, les joies qui passent, pour les retrouver quelques années après.

Ce sont des jouissances pour l'avenir tant qu'un homme se souvient, il revit. »

VENISE. (Mai 1880)

. . . .

. . . .

. . . . . .

Les étoiles étincelantes commençaient à tremblotter
dans les eaux du grand canal, et j'avais passé la journée entière
à laisser glisser ma gondole sur les flots, paresseuse navigation,
molles béatitudes qui vous jettent dans un doux enivrement
de joie et de voluptueuse tristesse. Que de charme dans ce
bercement insensible où s'endorment les agitations de l'âme,
où l'âme tout entière s'assoupit dans les langueurs d'un aimable rêve, tandis que les yeux errent sur cette brume azurée,
sur ces coupoles, ces dômes, sur les frises de ces palais dentelés
aux arabesques capricieuses, aux ogives mauresques, sur cet
ensemble enfin si harmonieux, si riche, si animé ! Féérie incomparable où plane le glorieux souvenir de l'antique Venise.

Les heures qu'on passe en gondole n'ont pas de termes dans le langage humain. On ne décrit ni un frisson de l'âme, ni une palpitation du cœur. L'homme le plus froid se sent remué jusque dans les profondeurs de lui-même : il sent naître en lui des facultés nouvelles ; des sensations multiples le pénètrent par tous les pores : c'est que pour la première fois la poésie l'inonde. Il était resté impassible à Florence, cette Athènes de l'Arno, la ville aux palais noirs ; il n'avait pas compris Rome, cette Niobé des nations, dont le silence même est une mélodie ; ses yeux n'avaient pas été éblouis par le Golfe de Naples où tout cependant est réuni pour la pensée, pour l'imagination et pour la rêverie. Mais Venise l'a touché, parceque Venise s'adresse à tout l'homme, cœur et sens.

❋

Quiconque n'a pas vécu quelques jours à Venise ne sait pas ce qu'est la gondole, véritable cercueil glissant sur l'onde, pirogue uniforme faite pour le mystère et le drame. Toute l'histoire des mœurs vénitiennes est écrite sur ces quatre planches noires, mieux que dans les éphémérides de Sanudo, que dans les sonnets et les lettres de l'Arétin, mieux que dans les Mémoires de Casanova et de Saint-Disdier !

Shakspeare, Byron et A. de Musset pouvaient seuls décrire les scènes qu'elles ont cachées !

« O tempora, ô mores », crie la Conscience, mais l'homme, mais l'artiste regrettent la Venise d'il y a cent ans : ses doges, ses gondoliers, son carnaval, ses courtisanes, ses couvents, véritable séjour de la coquetterie et de la galanterie. Venise était alors une île de Cythère peinte par Watteau. La toile aujourd'hui est enfumée, les couleurs sont un peu ternes,

— 7 —

mais le ciel et les grandes lignes architecturales subsistent.

✦

Venise est une reine qu'on doit surtout contempler la nuit. La lumière du jour sied moins bien à sa beauté que les lueurs pales et argentées de la lune. Quand neuf heures du soir approchent, lancez votre gondole dans le canal de la Zuidecca, en face de la Piazzetta, ou à l'entrée du Grand-Canal, et voyez et écoutez. Vous n'êtes plus dans un pays habité par des hommes !

Ma gondole était un soir arrêtée en face de l'église della Salute, quand une gondole chargée de musiciens vint à raser la mienne. De superbes voix de ténors, de barytons et de contraltos accompagnés par la harpe y déclamaient les fragments rompus d'une épopée délirante. Mon gondolier se mit à la suivre. Des impressions si nouvelles et si étranges vinrent alors s'emparer de mon cerveau que la raison y fut un instant voilée.... Telle est en effet la puissance magnétique, dangereuse de la musique à Venise sur l'imagination. On est saisi enlevé au dessus même de la région où l'on se sentait libre. On devient la proie d'un ébranlement encore inconnu.

✦

J'ai enfin trouvé un compagnon dans ma solitude, un véritable ami. C'est un jeune peintre de la Suisse-Allemande, descendu comme moi à l'Hôtel San Marco. Il est à peu près de mon age, assez grand, fort, très-brun, plein d'assurance; toute sa personne respire le courage et la franchise; et cependant, il y a parfois de la femme dans son attitude; il y a certains airs et certaines expressions de son visage qui trahissent la douceur de son âme expressions à la fois tendres et sévères, chastes et passionnées, en un mot, toutes les joies de l'adolescence unies à la gravité de l'âge mûr. Son âme est sœur de la mienne. Comme moi, il souffre et attend; comme moi, il vit de doutes et de chimères. Une inextricable ressemblance existe entre ses sensations et les miennes.

Hier soir, comme nous sortions ensemble de l'Hôtel San-Marco, une jeune fille, d'une beauté éblouissante s'offrit à notre vue. Il était difficile de n'en pas être fasciné. « Regardez, me dit-il, avec un sentiment d'admiration exaltée, regardez cette beauté antique dont la statuaire a perdu le moule... Combien la nature est supérieure à l'art! Le soleil vénitien seul a pu créer un pareil type! C'est un reflet de sa beauté aussi pur, aussi chaud que lui! Vîtes-vous jamais une figure plus angélique, une démarche plus rythmique et plus cadencée, une attitude plus noble et plus réservée... tout en elle est divin, tout jusqu'à ce petit mouvement sensuel des épaules qui rappelle les Vénitiennes de P. Véronèse! Eh bien, c'est une pauvre femme que le sort a exposée à ce vent glacial du monde qui flétrit, renverse, dessèche et tue! Pauvre ange peut-être exilé sur la terre et fourvoyé dans les voies humaines... »

Et, passant subitement à un autre sujet: « Les Vénitiennes, voyez-vous, avec leurs mains blanches et fines, leur corps gracieux et souple, leurs cheveux d'un ton si doux et d'une mollesse si soyeuse, leurs âmes si tendres et si passionnées, devaient être les pures visions que Dieu fit apparaître à Raphael...»

J'allais me récrier quand il ajouta: « A Venise, point de ces raideurs anglaises, ni de ces poupées à ressort.... O gardez bien votre naturel et votre grâce, belles et naïves Vénitiennes, derniers modèles de l'artiste inspiré! Laissez aux Dubuffe et aux Wintheralter les automates aux robes ruineuses, aux françaises leurs pastiches et leurs modes de Paris. La nature vous fit assez belles ! Véronèse et Titien pourraient encore aujourd'hui déchirer sans crainte vos vêtements pour voir la chair palpiter au-dessous. Vos corps aussi beaux que vos âmes n'auraient rien à craindre de leurs regards divins ! »

Je trouvai cet éloge des Vénitiennes vraiment trop lyrique. J'ai peu vu à Venise de Vénitiennes de P. Véronèse, de ces têtes charmantes et sensuelles aux regards placides et voluptueux, au sourire plein de provocation et de charme, à la nuque svelte, élégante, ondulant comme celle du cygne et de la colombe. J'étais arrivé à Venise, il est vrai, l'imagination un peu trop éblouie des merveilleux tableaux de Byron, de G. Sand et et de Th. Gauthier. Telle est peut-être la source de ma petite déception. Les Bolonaises dont on parle moins sont bien d'une autre beauté. Je n'ai rien vu de plus parfait ni de plus chaud sur le sol italien. Tous ces gracieux types, tous ces anges ou démons vêtus en femmes, qui attirent vos regards à Venise ne sont rien ! Ils ne vous poursuivent pas comme les beautés bolonaises dans la veille et dans le sommeil. Que n'ai-je pu vivre plus de trois jours à Bologne !... Ces femmes sont des divinités ! Malheur à l'imprudent qui ose recueillir un sourire de leur bouche ! J'en sais plus d'un qu'il eut retenu captif s'il n'eut été impérieusement commandé par le sentiment naturel de la justice et de la vérité. Est-il possible d'être heureux un seul jour quand on risque la destinée d'autrui ?

L'amour que les Bolonaises inspirent est honnête délicat : son principal siège est dans le cœur, et les sens y jouent un rôle moindre. — Auprès d'elle l'homme ne peut être un fat : la couronne d'intelligence qui rayonne sur leurs fronts doit s'épandre sur lui et donner à son langage quelque chose d'élevé, de vrai et qui part du coeur.

⁂

Il me faudrait bien des pages pour transcrire nos interminables causeries du soir, alors que nous sommes bercés indolemment dans notre gondole. J'interroge alors mon nouveau compagnon sur son art, sur le motif qui lui fit quitter ses montagnes. J'ai appris que depuis un an il foulait aux pieds sa toile et ses palettes, parce qu'il avait eu la révélation de son impuissance. Tombé dans le découragement et le désespoir, il vint en Italie espérant y avoir sa vision de Damas, et pouvoir s'écrier un jour avec le maître : « Anch'io son pittore ! » Il pense pouvoir, à son retour, reprendre sa palette : « je l'ai rejetée loin de moi, parceque je n'y trouvais plus une couleur qui fût vraie, parceque j'avais usé les dernières cordes de l'illusion, ce soleil divin que nous portons au front et parlequel notre être intérieur s'illumine. Je suis venu chercher l'emploi de la forme et de la couleur sur ce sol, unique dépositaire aujourd'hui du beau réalisé sur la toile ou le marbre !... »

Nos entretiens deviennent chaque jour plus intimes. Nous ne sommes cependant pas toujours en communauté d'idées. « Je suis peintre, me dit-il un soir, et vous vous adonnez aux sciences ! Les sciences, je les ai aimées aussi, mais abandonnées depuis quelques années. Il me semblait que l'imagination devait se glacer par l'analyse, que la nature devait être pour le savant et moins belle et moins jeune, qu'elle devait avoir sur lui moins de puissance... » Je m'efforçai de l'en dissuader : — « Non, non, la science n'étouffe pas l'admiration : l'œil du poète ne s'éteint pas parce qu'il découvre de plus lointains horizons. L'examen, souvent, sape les croyances humaines, mais appliqué à la nature il fait naître des lumières nouvelles. Qu'on en pourrait citer de naturalistes pour qui le brin d'herbe a son langage, qui éprouvent un frissonnement rien qu'à voir la plante fermer ses feuilles, crisper ses anthères, retirer ses pétales au fond de son calice.

Goethe était naturaliste...! »

✳

Les Pigeons de Saint-Marc ! Miei cari piccolini ! Il serait injuste, ingrat de n'en pas parler. C'est peut-être la population la plus intéressante de Venise. Il y a sur eux des légendes charmantes ; je ne veux pas vous les dire : vous les connaissez.

Les pigeons de Saint-Marc ne sont pas des pigeons. Il suffit d'assister à leurs festins pour s'en convaincre. Quelle adorable familiarité ! Rien ne les effarouche. J'en ai vus qui se posaient en maîtres, et se dérangeaient à peine pour me laisser passer. On eût dit qu'ils me prenaient pour un Autrichien. Il y aurait un livre touchant à écrire sur le patriotisme des pigeons de Venise.

Ils sont les derniers vestiges de cette population Vénitienne si pittoresque et si belle, telle qu'on la voit encore aujourd'hui sur les toiles de Trepolo, de Titien, de Véronèse, de Paris Bordone, telle qu'elle est dépeinte par G. Gozzi, Goldoni, Casanova, de Brosses et par l'Allemand Maier (1795).

L'imagination aime à se reporter à ces temps si féconds pour l'artiste. Quelle richesse en effet, et quelle opulence de costumes ! Ces gens là savaient vraiment aviver et accorder tous les tons ; ils savaient composer une teinte, harmoniser les rayons lumineux qui la frappent. Aujourd'hui, ce qui manque à Venise, ce qu'on regrette, c'est cette multitude et ce mélange de tons, cette infinité de reflets, ces simarres en satin pourpre, en taffetas bleu clair, ces robes bariolées de rouge, de bleu, de vert et de jaune... L'âge héroïque n'est plus. Nous avons l'âge de fer. cet affreux vêtement noir et sans ampleur que portent les hommes de notre temps, est le terrible symbole d'illusions et d'espérances déçues.

Ce matin, visite à San Michele. Mon gondolier ne savait trop pourquoi je faisais arrêter là ma gondole. Les étrangers n'ont pas coutume d'y venir. Ils ignorent ou feignent d'ignorer à quelles cendres donne asile un petit coin de cette île.

Une simple pierre encastrée dans le mur lézardé du cimetière protestant porte avec les dates de naissance et de mort ces simples mots :

A LÉOPOLD ROBERT. SES AMIS ET SES COMPATRIOTES.

Là repose solitaire, loin de la France, « cet étrange génie, le Raphaël de la pure nature » qui était à lui seul une peinture : la peinture poétique ; cet inventeur « ce découvreur de terres inconnues qui a fait les Moissonneurs et les Pêcheurs de l'Adriatique.

Que ceux qui ont le culte des grandes âmes viennent penser et prier sur le tertre de sable qui recouvre cette tombe où personne ne s'agenouille ; qu'ils donnent une larme à celui qui fut le plus idéal « des écrivains à l'huile » « Il a vécu de ses rêves, il a peint du sang de son cœur, il est mort de son génie ! »

Je revins triste et pensif à Venise. Je vis en passant les

demeures de l'infortuné Léopold : le logement qu'il occupa d'abord sur le Grand-Canal vis-à-vis de l'église della Salute ; celui qu'il prit plus tard près du grand Théâtre de la Fenice, à San Fantino calle Minelli, chez madame Cataneo ; enfin son atelier à San Stefano, sur le Grand Canal au palais Pisani. « C'est là, dit M. Feuillet de Conches, qu'il lui était facile d'avoir des modèles de femmes dans la classe du peuple qui est la plus belle : les mères lui confiaient volontiers leurs filles, et cette confiance ne fut jamais trahie . »

L'heure était aux grands souvenirs. Je m'arrêtai aux deux palais Mocenigo d'où sont sortis les premiers chants de Don Juan, les tragédies Mareno Faliero et de Sardanapale. Tout y est plein de la présence de Byron : on croit avoir encore sous les yeux sa ménagerie, ses singes, ses perroquets, ses éperviers, ses renards, ses chiens, ses corneilles.

Quand on descend les degrés pour regagner sa gondole, on croit entendre les reproches que la belle Margarita Cogni, cette femme impérieuse, comique et dévouée, lançait à son amant : « Ah ! Can della Madonna, e esto un tempo per andar al Lido !... »

Un autre homme de génie a vécu non loin de là. J'allai sur le quai des Esclavons, au Palais Mocenigo (aujourd'hui palais Bernardo Nani) occupé par l'hôtel Danieli. La chambre qu'habita A. de Musset (1833) porte le n° 13 ; elle est située au fond de la grande galerie, à gauche. Elle lui parut mériter l'honneur d'être décrite. « Je ne me lassais pas, disait-il, de contempler ces lambris sous lesquels s'étaient promenés jadis les chefs de quelque grande famille Vénitienne, et de regarder par la fenêtre l'entrée du Grand-Canal, le Dôme della Salute. « C'est là aussi qu'une fièvre typhoïde le mit à deux pas de la mort. G. Sand passa dix-sept jours à son chevet, sans prendre plus d'une heure de repos sur vingt-quatre.

J'ai pu entrevoir à Bellune, près Venise, le docteur Pietro Pagello, jeune étudiant alors, qui accompagnait le Dr Santini dans ses visites à l'illustre malade. P. de Musset possédait la dernière ordonnance de ce médecin. C'était la formule d'une potion calmante dont le poète disait : « C'est un puissant narcotique ; elle est amère, comme tout ce qui m'est venu de cet homme ; comme la vie que je lui dois. »

Du Palais Bernardino Nani, je gagnai le palais Ducal. Il fallait bien donner un souvenir aux mansardes de l'auteur de Mie Prigioni, situées sous les Plombs, sotto i piombi.

J'étais assis sur la dernière marche de l'escalier des Géants, absorbé dans la contemplation des fenêtres sinistres. Insensiblement, je laissai tomber mes yeux vers le milieu de la cour, sur les bouches de citernes de Nicolo de Conti, et de Francesco Alberghetti, splendides autels de bronze qui sont des chefs-d'œuvre.

Des paysannes du Frioul, du Tyrol étaient là, perchées sur les margelles : Quoique je me les rappelle fort bien, je ne m'amuserai à décrire ni leur beauté ni leur grâce. Pour les contempler plus à mon aise, je fus m'asseoir sur un socle de colonne antique, en face de l'horloge.

Une heure, deux heures s'écoulèrent ainsi. Peu à peu la vie s'était retirée de cette partie de l'édifice, et son silence contrastait avec le bruit et le mouvement de la partie extérieure abandonnée au public. Quand je songeai à sortir, je trouvai les deux portes closes, je restai donc seul dans la cour du Palais Ducal.

Je me trompe, je ne l'étais pas.

La lune argentée donnait une âme à cette Ève d'Antonio Rizzio, à ces statues grecques de philosophes, d'orateurs,
de guerriers et de divinités, à cette mâle et pensive figure du
Duc Urbin de Gio Bandinelli, à ces statues colossales de Sansovino sur l'Escalier des Géants. Il se produit à cette
heure d'étranges effets pour celui qui comme moi a le
bonheur d'être enfermé là solitaire : les philosophes de la
Grèce se mettent à disserter entre eux, Adam adresse
la parole à Ève qui rougit de se voir exposée aux regards
de Mars et de Neptune, le visage du Duc d'Urbin s'a-
nime… La porte della Carta s'ouvre : des processions
d'êtres dont les pieds touchent à peine à la terre, montent
et descendent l'escalier d'Antonio Rizzio. Ce sont les ombres d'Angelo Partecipazio, des Doges Orseoli, Ziani, T. Mocenigo, Fr. Foscari, Contarini ; les architectes du Palais Ducal Antonio Rizzio, Pietro Lombardo, Scarpaguino, Antonio da Ponte, Palladio le suivent. Tous ces fantômes qui
pourtant se meuvent sont vides et sans consistance. Les
draperies ne recouvrent aucun corps……

Assis sur le marbre glacé, je sentais à ce spec-
tacle la terre se dérober sous mes pieds et mes pensées,
tourbillonner dans mon cerveau comme dans un songe.
C'en était un, en effet. Tout à coup, une forme blanche que
je prenais pour une statue s'avança lentement vers moi,
et vint poser sur mon cou sa main plus froide que le marbre.
Je poussai un cri involontaire qui me réveilla. L'ombre avait
disparu. Je reconnus alors le lieu où j'étais : les premières
lueurs de l'aube naissante blanchissaient les crêtes du Palais
Ducal et donnaient encore à toute cette architecture un
aspect étrange.

Quand le jour fut tout-à-fait venu, les deux portes s'ouvrirent. Je me dérobai aux regards des gardiens en glissant inaperçu dans un enfoncement pratiqué entre deux colonnes. D'un bond je franchis la porte della Carta. J'étais sur la Piazzetta.

Aujourd'hui, journée entière passée en gondole. Mon ami et moi, nous avons parcouru en tous sens ce dédale qui s'appelle Venise. Je voulais lui montrer l'habileté de mon gondolier, combien de Venise il connaît les canaux, les traghetti, les sotto-portico, comme sa gondole file adroitement et tourne avec précision les angles des rues d'eau! L'inextricable labyrinthe n'a pas de secret pour lui.

Enfin notre gondole entra dans les lagunes, cotoya San-Giorgio-Maggiore, la Riva dei Schiavoni, le Jardin de Quintivalle, les îles San-Elena, La Certosa, San-Piètro, St Michele, Murano... Nous ne mîmes le pied à terre qu'au Lido. Là le cœur se dilate et respire: vous voyez enfin du vert; mille parfums, mille odeurs de feuilles vous arrivent; vous êtes sur la terre ferme où galopèrent les chevaux de Lord Byron, dans l'île qu'ont rendue célèbre les romans de G. Sand, les contes de Ch. Nodier, les récits de Topffer et de Th. Gauthier, les poëmes de Brizeux et de Casimir Delavigne. J'y étais venu bien souvent seul pour m'y enivrer d'historiques réminiscences et de poétiques narrations. La couronne poétique du Lido est si belle! Il fait si bon donner là, carrière à son imagination!

Quand nous eûmes parcouru la grève battue par l'adriatique, quand nous eûmes suivi du Lido toutes les sinuosités, doublé tous les caps, nous remontâmes en gondole pour gagner la jolie petite île de San-Lazaro toute entière occupée par les moines arméniens.

Notre gondolier ramait depuis une demie-heure, nous sentions les douces odeurs que le vent nous apportait par dessus les murailles du jardin. Nous sommes à San Lazaro: voici ses terrasses, son couvent, sa chapelle, son campanile en brique rouge. Le frère arménien qui nous reçut était âgé d'environ cinquante ans, d'une figure fine où se traduisait la beauté orientale. Une longue barbe déjà grisonnante tombait sur sa robe d'étamine. Il nous fit visiter les diverses parties du monastère avec une politesse toute lettrée et une douceur vraiment chrétienne.

Nous entrâmes dans la bibliothèque située à l'est au dessus du cloître « Ces portraits, nous dit-il, que vous voyez là, entre les rayons des livres, alignés, sont ceux des évêques arméniens et des religieux les plus célèbres. Voici le Père Pascal qui donna des leçons d'arménien à Lord Byron. » J'en profitai pour l'interroger sur le séjour du poète — « Je ne l'ai pas connu, répondit-il, mais je tiens de pères qui l'ont vu eux-mêmes, qu'il venait ici tous les jours durant trois mois apprendre l'arménien avec le Père Pascal. Il s'est toujours, m'a-t-on dit, fort bien comporté dans notre couvent, jamais il n'a dit un mot contre la religion. »

Tout en causant, nous arrivâmes à la petite salle des Manuscrits où travaillait Child Herold. On nous fit voir sa signature tracée par deux fois, dont l'une en caractères arméniens. Sur un ancien registre nous découvrîmes les signatures d'A. de Musset (10 janvier 1834), de Balzac, de Lamartine, (sans date) de V. Hugo, de Thiers... Ces grands noms ne laissèrent pas ici d'autres traces de leur passage.

Parmi les manuscrits nous vîmes des trésors dont

nous n'étions pas dignes.

Nous traversâmes le réfectoire, l'imprimerie d'où sortent ces éditions polyglottes si recherchées à Paris, puis la librairie où je fis l'achat d'une prière de San Nersetis, en trente langues; des exercices de Byron en anglais et en arménien, de gravures, de photographies..........

. . . .

La Reine de l'Adriatique possède un joyau incomparable, c'est la place St Marc, merveilleuse et splendide enceinte dont les quatre pans sont occupés par l'église San-Marco, la tour de l'Horloge, les Procuratie Vecchie, les Procuratie Nuove, et dans le fond par un assez vilain palais moderne qui occupe le lieu et place de la délicieuse église de San Germiniano, rasée par Napoléon.

Le coup d'œil dont on jouit de là est vraiment féerique. Quand dix heures du soir arrivent, allez vous asseoir à une table du café Florian — un café qui ne s'est pas fermé depuis cent cinquante ans, qui a vu Gœthe et Schiller, Canova, Châteaubriand, Manzoni, Byron, Cimarosa, Rossini, Léopold Robert, A. de Musset, G. Sand — et demandez ces ces glaces et ces granits qui n'ont de remarquable que leur bas prix. Tout autour de vous, on parle grec, russe, allemand, italien, rarement français; sous vos yeux défilent tous les types des professions en plein vent : la bouquetière agaçante et farouche, le chanteur baladin, le crieur de caramel, le marchand d'allumettes, de crayons, de photographies, de tortues « del mare », enfin le prétendu monsieur toujours bien mis, qui vous murmure à l'oreille quelque proposition suspecté . . . . . .

Il faut voir ces tables où prennent place tant de gens
à caractère, humeur et opinions diverses, mais toujours réjouis
par le plaisir de se trouver ensemble ! Ce qui est fort agréable
pour mon compagnon et moi, c'est d'écouter de notre coin
ce qui se dit, d'assister en spectateurs à ces conversations qui
naissent du choc d'esprits si divers. Tantôt il se dit les choses
les plus sérieuses, tantôt les plus piquantes.

De notre côté, nous ne sommes pas toujours de muets
observateurs. Quand on est à Venise, on a tant de choses à
se dire ! Mon compagnon m'a beaucoup parlé hier de cette
Italie qu'il aime tant, comme on parle d'une femme aimée.
Moi-même aujourd'hui, j'ai dû céder à sa demande.

※

J'habite ma ville natale, grande cité riche et com-
merçante,

Dans ce Lyon bourbeux qui trafique et s'enrhume
D'éternels brouillards submergé.

Je le hais de toute la puissance de mes sensations comme
les plantes du midi haïssent l'ombre d'une prison.

Tout fier acier s'y rouille, et l'oiseau même y rampe.
Ma joie n'y est jamais complète, mes peines y sont centuplées
par la concentration de mon âme, de mes yeux et de mes
pas !... Les sentiments qu'on y professe sont ceux du siècle:
« L'homme est ici bas pour se servir de ses sens. Manger, boire
et dormir, c'est vivre. La parenté sert aux héritages, l'amour
est un exercice du corps; le mariage un marché; les femmes
sont des machines à enfantement et à allaitement. » On te

raille celui-là qui ose prétendre qu'aimer : « c'est avoir à
son côté un être capable de comprendre pourquoi une pensée,
un mot, une fleur font que vous vous arrêtez, » qu'aimer
« c'est doubler ses facultés, presser un cœur et une intelligence
sur son intelligence et sur son cœur. » Tout est animalité dans
le lyonnais ; il n'y a en lui de vivant que le corps ; c'est le
triomphe de la bête.

.... Depuis longtemps ma pensée entière était portée
sur l'Italie, cette noble terre qui, à défaut d'énergie présente,
a gardé la religion du passé. Voir l'Italie et puis vivre de souvenir, dix années durant, j'avais bercé ce rêve. Sa réalisation me semblait impossible. Elle le fut cependant.

J'employai huit mois à lire et relire tout ce qui a été
écrit sur l'Italie, j'amassai notes sur notes : Nihil legebam
quod non exceperem, comme disait Sénèque.

Enfin, le jour du départ arriva (15 mars 1880). Ce
fut peut-être le plus beau jour de ma vie : je ne l'oublierai
jamais. Je sentais déjà l'air vivifiant des contrées méridio-
nales effleurer mon épiderme. J'étais ivre de sensations
et de volupté avant même d'avoir goûté le plaisir.

Je vis en passant Avignon, Nîmes, Arles et Marseille,
cités où l'on sent déjà la chaude haleine du midi. La Pro-
vence me parut un peu trop parée. Il ne faut pas lui en vouloir :
c'est l'homme qui l'a faite ainsi, défaisant l'ouvrage de la
nature.

Le 21 mars, j'arrivai à Gènes. Il était onze heures
du soir. Je foulais enfin ce sol Italien tant désiré ; je touchais
au royaume des rêves d'or. Je saluai la patrie de Doria, de
Christophe Collomb, de Paganini, et je me jetai dans l'omnibus d'un hôtel.

Le lendemain, je m'éveillai dans une chambre vaste et sonore de l'Hôtel-de-France.

Pendant trois jours, je parcourus dans tous les sens cette cité superbe dont le cœur ne bat plus, dont la tête est froide, mais qui conserve tant de grandeur dans ses marbres.

Gênes fut pour moi une révélation. Je ne connaissais encore de l'Italie ni ses mœurs ni sa langue. A chaque pas, tout fut pour moi surprise, étonnement. La race des femmes surtout me parut belle (je ne me doutais guère alors de ce que je devais voir à Bologne,) et je commençai à croire vrai le mot de Thommaseo : « Les Italiennes ont des visages, les Françaises n'ont que des minois. »

Quand il me fallut quitter Gênes, je me souvins que Ch. de Brosses avait dit : « Parmi les plaisirs que Gênes peut procurer, on doit compter pour un des plus grands d'en être dehors. » paroles amères que je ne m'expliquai pas.

La route de Gênes à Pise est admirable, vrai sentier creusé entre le roc des Apennins et la mer et qui mériterait qu'on lui consacra quelques jours. Chiavari, Sestri, Poliastra, La Spezia, Magra, Massa, Viarregio vous sourient et vous appellent. Mais le cœur est à d'autres pensées : Pise et Florence sont à l'horizon

25 mars – jeudi saint. — A peine débarqué, je courus sur la Place du Dôme. Au même instant défilaient deux files de noirs spectres dont on ne voyait que les yeux. Les torches qu'ils tenaient à la main projetaient une lueur rougeâtre et enfumée sur un catafalque porté à bras par quatre hommes pareillement vêtus. C'était un pauvre mort que la confrérie de la Miséricorde ou des Pénitents noirs conduisaient à sa dernière demeure. Ces chants pieux et tristes, dits à bucca

chiusa, cette cloche qui tinte tristement au devant du cortège, toutes ces ombres noires sous lesquelles se cachent le grand seigneur et l'homme du peuple pour accomplir leur mission d'humanité, tout cela fait l'effet d'une lugubre apparition et produit sur le cerveau une impression étrange.

Je restai seul sur la place déserte : un silence plein de mystère régnait dans la muette enceinte. Il était neuf heures du soir. J'avais sous les yeux le Campanile, le Dôme, le Baptistère et le Campo Santo, symboles en marbre de la vie entière du chrétien. Nulle part on éprouve un pareil recueillement : les agitations du cœur s'assoupissent; on est comme dans la maison de Dieu. Quiconque a connu les orages de la vie doit venir chercher ici le repos et la consolation.

Quand on pénètre dans le Campo Santo, l'impression est encore bien plus profonde. Le silence du tombeau y règne, la beauté calme que traduisent tous ces marbres funèbres, ces fresques, poëmes naïfs d'un autre âge, vous ravissent et vous charment.

Vous sortez du Campo santo et rien au dehors ne vient troubler l'émotion dont vous étiez la proie il n'y a qu'un instant : les rues sont calmes, les places presque désertes : on se croirait dans la cité des morts. Là est tout le charme, toute la poésie de l'incomparable cité. Le séjour qu'on y fait laisse dans l'âme une indéfinissable mélancolie. C'est ce sentiment qu'on porte à Livourne, ville de prose et de commerce, qui est tout ce que l'on veut, excepté italienne. Ici point d'histoire, point d'art, aucun glorieux souvenir. Livourne n'est qu'une parvenue, une aventurière devenue grande dame. J'y restai un jour entier : c'était beaucoup trop.

Je repris la route de Florence. Je vis Lucques, en passant. Ses remparts, ses clochers, ses tours, les toits crénelés de ses palais jaillissent du sein des arbres. On croit entrer dans une Florence en miniature. Une journée suffit pour connaître à fond toute la ville: son aqueduc, sa cathédrale, son vieux palais... Mais au départ, le cœur se gonfle: on sent qu'on aurait dû vivre au moins quelques jours au milieu de cette campagne toute semée d'oliviers, de figuiers, de grenadiers, d'ifs poudreux, de vigne grimpante. C'est là vraiment l'Arcadie de l'Italie. Mais pourquoi Florence est-elle si près de vous? Sirène aux doux liens, son nom est fascinateur: c'est la Reine du Moyen-âge. Auprès d'elle ont vécu Dante, Pétrarque, Galilée, Michel-Ange et Léonard de Vinci!

Plus nous approchions, plus le peu que je savais sur la glorieuse cité se brouillait dans mon pauvre cerveau. Je ne raisonnais plus...

Parfois des échappées me laissaient entrevoir les Dômes resplendissants mais encore lointains... Mon cœur donnait à mes artères des pulsations intenses. Enfin, je pus voir nettement Santa-Maria del Fiore et sa fameuse coupole de Brundeschi. J'avais Florence tout entière devant moi. Bientôt je fus dans la mère-patrie de toutes les poésies et de tous les arts! Le premier florentin que je rencontrai, je faillis l'embrasser. Je ne marchais pas, je bondissais sur ces grands blocs de pierre blanche dont les rues et les places sont pavées. Dans ma course insensée, je vins échouer à la porte d'un modeste hôtel de la Piazza Santa Maria Novella Vecchia (l'Hôtel de la Poste).

J'y trouvai une petite chambre bien simple au second étage, sans autre meuble qu'une couchette de fer, une commode et deux chaises. Je ne fis même pas attention à la nudité et à l'extrême simplicité de cette hôtellerie. J'étais trop heureux de m'endormir et de m'éveiller dans la ville des grandes mémoires. Je n'oublierai jamais mon premier réveil à Florence... Les deux premières journées furent employées à errer à l'aventure: il faut bien feuilleter avant de lire.

Je dois ici l'avouer, la première impression fut un peu triste : ces rues étroites et sombres, ces maisons élevées et noircies comme les nôtres, ces Palais qu'on prendrait pour des prisons ou des forteresses, me causèrent une légère déception. J'avais si souvent entendu appeler Florence la ville des fleurs et des plaisirs que je me l'étais représentée belle et coquette, mollement couchée au pied des Apennins comme une Sultane sur ses tapis émaillés de mille couleurs. Le type florentin, lui-même, ne répondait pas complètement à l'idée que je m'en étais fait. Je rencontrais bien des figures bourgeoises, mais fort peu de ces têtes régulières et pures, de ces fronts mélancoliques et rêveurs dont Ghirlandaio, Lippi, Masaccio, Andre del Sarto avaient jeté en moi la notion. Je trouvai les Florentines plutôt agréables que belles, toutes de bonne grâce et charmantes à voir. J'éprouvais surtout un charme singulier à les aborder dans la rue en leur demandant mon chemin pour le seul plaisir d'entendre sortir de leurs souples gosiers ces sons faits pour ravir l'oreille la moins musicale. N'en déplaise aux gens ennemis de toute idée reçue, mais cette langue italienne est vraiment harmonieuse dans la bouche d'une Florentine. H. Bayle parle de la prononciation arabe des Florentines, qui, dit-il, « lui desséchait le cœur. » Est-ce ignorance de ma part, mais je n'ai pu découvrir ces aspirations gutturales que blâme l'illustre sceptique. Je n'ai trouvé que les délices continues de cette langue divine « la delizia continua di quella lingua divina » comme dit Thommaseo.

Florence, aussi bien que Rome, est une ville d'étude. Ces vieux palais dont les murailles ont été témoins de bien des tragédies sanglantes ne vous diront quelque chose

que si vous les interrogez en lisant Villani [1], Sachetti [2], Dino Com-
pagni [3], Machiavel [4], Savonarole [5], les Républiques Italiennes de
Sismondi [6], le beau livre enfin de Delecluze [7], si rempli de faits et
de modération... Alors seulement chaque marbre aura pour vous
un sens, chaque colonne un souvenir, alors seulement vous pour-
rez avec profit porter vos pas sur la Piazza della Signoria. En
France, nous n'avons pas l'idée d'une pareille enceinte : Jean de
Bologne, Bandinelli, Ammanato, Benvenuto Cellini, ont laissé là
des traces immortelles de leur génie. Ce lieu vous attire, vous
fascine ! Sans être ni architecte ni sculpteur, vous éprouvez des
sentiments encore inconnus. La Loggia di Lanzi surtout vous
captive : vous allez d'une statue à l'autre, de la Sabine enlevée
au Persée, du Persée à Judith, à ces statues grecques si pures et
si nobles... Vous vous croyez chez vous, tant vous éprouvez du
bien-être à vous promener sous ses arcades. Vous êtes au pied
du Palazzo-Vecchio, dont les murailles hautes et menaçantes évo-
quent en vous bien des souvenirs ! Ça été une forteresse, une demeure royale, une tribune pour l'éloquence, un champ-clos pour
l'émeute, un musée...

A deux pas de là, les Ufizzi, vrai Sanctum sanctorum
des œuvres d'art. J'y allais chaque matin, saluer la Vénus de Médicis, l'Apolline, l'Arotino, le Faune dansant, les Lutteurs, la Vierge
au chardonneret, Danaé, cette tête puissante de la Fornarina...

La matinée s'écoulait ainsi aux Ufizzi, au Palais Pitti, à
Santa-Croce : là reposent des cendres qui rendent ce temple sacré

---

1 — Giovanni Villani (1275-1348) — Istorie Fiorentine (depuis les origines fabuleuses de Florence jusqu'à 1348).
2 — Franco Sachetti — Novelle (imprimées seulement en 1724, — Naples, Florence, 2 V. in 8°)
3 — Cronaca — (Hist. politique de Florence, de 1280 à 1312 imprimée à Florence en 1587. — Fait partie de
   la collection de Muratori et de la bibliothèque diamant de Barbera de Florence.
4 — Machiavel — Istorie Fiorentine (1524). Le recueil s'étend de 1205 à 1524.
5 — Consérez : F.T. Perrens : Jérôme Savonarole, sa vie, ses prédications, ses écrits, Paris 1853, 2 vol. in 8 ; Hachette 1859
   3 vol in 18.
6 — Sismondi : Républiques Italiennes
7 — Florence et ses vicissitudes. Paris 1837, 3 vol. in 8 (Le récit s'étend de 1215 à 1790.)

La première fois qu'on se trouve en présence des restes sublimes de Michel-Ange, de Galilée, de Machiavel, d'Alfieri, on se sent pris d'une extase fiévreuse, et les vers de Foscolo vous reviennent involontairement sur les lèvres

> Io quando il monumenti
> Vidi ove posa il corpo di quel grande.

Au sortir de Santa-Croce, il n'y a que le Dôme et le Baptistère capables d'entretenir vos pensées. Le regard se rive aux portes de Ghiberti, les portes du Paradis, comme disait Michel Ange. Les effluves du beau vous accablent au dehors comme au dedans de Sainte-Marie-des-Fleurs! Il n'y a que l'Italie pour vous réchauffer ainsi avec un peu de marbre et de bronze.

C'est là que l'Anglais, un voyageur de conscience, Murray en main, la bouche ouverte, les narines dilatées, cherche dans son livre pour voir s'il est émerveillé juste au bon endroit. Malgré soi on est distrait par la vue de jeunes anglaises, pâles et fragiles fleurs, qui restent là debout des heures entières. Le séjour de Florence doit être pour elles un supplice.

C'est une fête pour l'œil de se reporter ensuite sur les Florentines. Au moins là, on ne se heurte pas à des formes angulaires, à des mouvements saccadés et sans rythme; derrière ce front, sous ce regard, on sent l'idée, le sentiment qui palpitent en elles. Cette observation attentive ne les offense pas: elles savent que pour l'artiste, le modèle vaut mieux que le tableau et l'œuvre de Dieu l'œuvre de l'art!

Florence, vous le savez, est la ville des fleurs.

> Manibus date lilia plenis.

telle est la devise des fleuristes. Je fus un matin me promener aux Cascines : c'était l'heure où les allées sont désertes. Trois bouquetières dont deux étaient belles, souriantes, les mains pleines de fleurs s'abattirent sur moi. Ma veste, mon gilet furent en un instant un parterre. Les gracieuses filles prirent aussitôt la fuite, avant même que je fusse revenu de mon étonnement. C'était plus gracieux pour la marchandise et pour la marchande . . . .

J'abrège à dessein le récit de mon séjour à Florence. Quand je connus à fond la glorieuse cité; quand je l'eus vue d'en haut, d'en bas, de face, de profil, aux trois quarts, je songeai au départ. La dernière journée fut employée à tout effleurer d'un long regard, à envoyer du cœur une pensée, un souvenir . . . .

. . . .

Ma première étape entre Rome et Florence fut Vallombreuse, véritable oasis au milieu des Apennins, siège autrefois d'une abbaye monumentale. Je me réjouissais d'y trouver une fraternelle hospitalité, de vivre quelques heures là où tant de grands poètes et de grands artistes vinrent chercher asile contre la misère, le désespoir ou la proscription, près de ces cellules qu'habitèrent Boccace, Dante, Michel Ange, Benvenuto-Cellini, l'Arioste, Milton et Lamartine !

Mais ceux qui donnaient à ce séjour de l'ascétisme abrité du monde un caractère habitable et même délicieux n'y sont plus. Une école forestière, véritable caserne, occupe aujourd'hui ces bâtiments jadis si hospitaliers. L'étranger va se faire rançonner dans l'auberge construite près de là.

Le site seul n'a pas changé. Il donne toujours à l'âme recueillement et rafraichissement. Je redescendis de Vallombreuse meilleur que je n'y étais monté, et je repris la route de Rome. Elle est encore si pleine de grands souvenirs qu'il faudrait vingt fois s'arrêter : voici le lac de Trasimène dont les défilés furent si fatals à la témérité romaine... voici la colline où campait Annibal avant la bataille; Perugia, berceau de Pietro Vannucci (dit le Pérugin); Foligno, dont Horace a vanté la douceur; Terni enfin ! ô vous ne devez pas passer là sans aller rendre hommage au génie du lieu. Vous connaissez sans doute la cascade de Terni. Je n'essayerai donc pas de vous décrire cet éternel écroulement des eaux du Vellino, masse liquide gigantesque qui tombe en nappe, se pulvérise en écume, se transforme en vapeur... Non, ce qu'on voit là n'est pas chose qui se puisse enclore dans des mots : cette scène n'en a pas. Elle a l'admiration et le frisson pour langage. Je regagnai la gare de Terni au milieu des éclats saccadés de la foudre, prélude d'un épouvantable orage.

Bientôt le sifflet strident de la locomotive retentit, et je fus emporté dans la course effrénée qui allait me jeter brutalement à Rome.

Alors, pour la première fois peut-être, on se prend à maudire la vapeur, cette glorieuse conquête du génie humain. Qu'il y avait en effet mille fois plus de poésie jadis à se rendre en poste dans la ville éternelle ! La lenteur du trajet donnait au moins à l'âme le temps d'enregistrer toutes les vibrations que l'approche des lieux saints faisait naître en elle ! Que de palpitations de curiosité ! comme les yeux se portaient radieux vers l'horizon ! comme les cous se tendaient à travers les étroites portières ! Plus on approchait, plus le recueillement redoublait. On traversait lentement cette campagne Romaine qui a « quelque chose de la désolation de Tyre et de Babylone. » Enfin, au cri du conducteur : Ecco il duomo ! le voyageur répondait avec un enthousiasme fervent : Ave Roma ! et la diligence franchissait la porte del Popolo : il fallait cette entrée à la capitale de l'Univers !

Aujourd'hui, ces délicieux préludes ne sont plus... La vapeur est aveugle et vous entraîne à Rome, comme à Paris, à Berlin, à Moscou ! Si j'avais été pape, si j'étais roi d'Italie... Non, ce n'est pas ainsi qu'on doit pénétrer dans Rome !...

On voudrait au moins se recueillir et la gare est bruyante, et les facchini vous assiègent, et les garçons d'hôtel vous harcèlent. Il n'y eut pour moi de refuge que dans l'omnibus de l'Hôtel d'Alibert ... En dix minutes, nous fûmes à la Grande Alberge. Je gravis précipitamment les 3 étages et refermai brusquement sur moi la porte de

ma nouvelle chambre en m'écriant : Sum civis Romanus ! Je suis
donc enfin bourgeois de Rome ! et je tombai lourdement au pied du
lit, accablé, persécuté parce que j'éprouvais... Vous me comprenez,
n'est-ce pas, ô vous pour qui Rome fut aussi une terre bénie, une mère !
Oui, Rome est notre mère à tous : elle a bercé notre adolescence de ses
légendes et de ses fables, elle a charmé notre jeunesse par les chants
de ses poètes, les harangues de ses consuls et de ses tribuns... Oh ! ne
m'accusez pas... On entre à Rome qu'une fois dans sa vie. Je le
sais, c'est un usage immémorial d'être ému en arrivant; mais est-
on plus sincère parcequ'on s'efforce de ne pas l'être ? Le vrai est
comme il peut, il n'a de mérite que d'être ce qu'il est.

Il était 9 heures du soir. Je voulus garder pour le lendemain
la fleur des premières impressions. La nuit fut pour moi très-agitée,
et je ne pus dormir : ma pensée ne pouvait s'affranchir des idées
qui l'obsédaient. Je pris enfin le parti de ne plus résister, mais
bien de feuilleter dans ma mémoire pour lui faire rendre ce que
j'y avais enfoui. Que de jouissances nouvelles j'y ai puisées !

Quand les premières lueurs matinales qui s'épanchent
du mont Pincio vinrent inonder mon front, j'invoquais encore
la divine « récélatrice ».

Les premières sensations que m'a données la reine de
l'Univers, ne peuvent se comparer à rien dans mon esprit.
L'impression produite par ses ruines fut si forte qu'une descrip-
tion n'est guère possible. Et d'ailleurs, peut-on décrire le Forum,
cette merveilleuse et sublime enceinte « d'où le peuple romain
était gouverné par l'éloquence », le Colisée, trace gigantesque
d'un peuple de géants, ces temples, ces théâtres, ces thermes, ces
colonnes, ces obélisques... « Ce qui frappait les regards n'existe
plus, mais le charme du souvenir est resté [*]. » Tanta inest vi ad-

---

[*] Mad. de Staël (Corinne)

monitionis in locis (*) ! ô charme et puissance des lieux !

On comprend enfin toute la vérité du mot de Goethe : Ailleurs on lit l'histoire de dehors en dedans, ici on croit la lire de dedans en dehors. »

Après les restes de l'antiquité, c'est Saint-Pierre qui vous attire. Vous traversez le Pont S¹ Ange : le Tibre coule jaune à vos pieds, c'est bien toujours le Flavus Tiberinus de Virgile ; vous laissez à droite le château Saint-Ange, et vous êtes sur la place S¹ Pierre ! Tout le monde croit la connaître, tant elle est reproduite souvent par la peinture, la gravure ou la photographie. Mais ni la couleur ni le crayon, ni la plaque du photographe ne peuvent exprimer cet ensemble si harmonieux, si grandiose ! Saint-Pierre est devant vous ! Le Vatican est sous vos yeux !

Quelque sceptique qu'on puisse être, impossible de ne pas se réconcilier de bon cœur avec l'église. Il faudrait avoir l'esprit bien mal fait pour ne pas déposer sur ce seuil, toute rancune, toute idée philosophique.

Goethe lui-même ne disait-il pas en entrant au Vatican : « En se sentant ainsi sous le même toit que le représentant du Christ sur la terre, on éprouve malgré soi un sentiment indéfinissable. »

Vous pénétrez enfin dans Saint-Pierre. A première vue, on est surpris de n'avoir aucune surprise. On ne trouve d'abord Saint-Pierre ni grand ni petit, ni haut, ni bas, ni large, ni étroit, tant l'admirable justesse des proportions a la propriété de réduire les choses démesurées à leur juste valeur. Ce ne fut qu'à la troisième visite que mes yeux se dessillèrent. J'éprouvai cette fois un frisson d'admiration, et je fus plus indulgent pour ces tombeaux prétentieux, pour ces saints, ces saintes gigantesques, qui tous

(*) Cicéron.

prennent des poses de matamores, pour ces anges juchés dans tous les coins. Une chose cependant encore aujourd'hui m'irrite : pourquoi ces chemises de tôle dont sont dotés la Justice du tombeau de Paul III et ces deux génies du Mausolée de Charles Stuart ? Au temps de sa grandeur, le Catholicisme admettait le nu sanctifié par l'art. Mais aujourd'hui.... Quantum mutatus ab illo !

Saint-Pierre n'est pas, comme on l'enseigne, le Panthéon du Catholicisme. C'est le temple de toutes les philosophies, de toutes les prières, de toutes les pensées de l'homme, et c'est peut-être ce qui fait sa grandeur.

Il faut voir, dit-on, Saint-Pierre, pendant la semaine sainte. J'ai évité précisément de me trouver à Rome à cette époque. Je craignais d'avoir beaucoup plus à perdre qu'à gagner. L'homme, en effet, n'a pas besoin de toute cette mise en scène pour recevoir une impression religieuse et profonde.

Heureux cependant l'homme simple qui peut trouver dans les rites et dans les emblèmes du culte une sublime poésie, une source éternelle d'attendrissements. Il s'endort dans le Seigneur, confiant et résigné, sans avoir cherché à comprendre....

Avec ma manière un peu païenne et sceptique de tout voir, vous concevez que la Rome chrétienne a dû m'échapper. Je vous en fais l'aveu. N'était aux catacombes, je n'ai point senti le Christianisme dans la capitale du monde chrétien.

Au sujet du Vatican, je ne vous dirai qu'une chose : vous pouvez être l'adversaire de l'institution temporelle, vous avez pu voir sans regret s'écrouler ce pouvoir « qui contenait les vices de toutes les natures de gouvernement sans leurs avantages dans un seul gouvernement[*] », vous pouvez même aujourd'hui

---

(*) Lamartine.

répéter : il en est des institutions comme des hommes, les morts
ne reviennent pas... Oui, vous pouvez tout penser, tout dire
contre la papauté, mais si vous êtes justes et sincères, vous re-
connaîtrez combien son rôle fut glorieux. L'art lui doit la Chapelle Sixtine, les Loges, les Stanze et tous les restes de l'antique
Rome !... Ne sont-ce pas là des titres suffisants au respect et à
l'éternelle reconnaissance des hommes ?

Après les merveilles de Saint-Pierre et du Vatican,
c'est un des plaisirs de Rome que de côtoyer les bords du Tibre qui
semble couler parmi les ombres, que de parcourir les sept col-
lines dont « il n'est pas une qui ne contienne les traces de
l'histoire », que de flâner sur les pas d'Horace, au milieu
du peuple parmi les boutiques. Le poète demandait le prix des
légumes et du blé

Percontor quanti oliis ac far :

Aujourd'hui les temps sont un peu changés, et ce
n'est pas trop au marché que l'étranger porte ses pas.

J'aime mieux vous parler de mes excursions dans
la campagne romaine, à travers ce Vetus Latium de Virgile
à l'étude duquel m'avaient préparé Juste Lipse,[1] Kircher,[2]
Volpi,[3] Nibby,[4] de Bonstetten,[5] E. Desjardins[6] et Ch. Didier.[7]
Quel bonheur de relire Virgile sous le ciel d'Enée et pour ainsi
dire en présence des dieux d'Homère !

Quelle douce satisfaction de rechercher sur les lieux
mêmes l'exactitude du récit !

---

(1) Juste Lipse (1577-1606). Vetus Latium.
(2) Kircher (1602-1680) Vetus et Novum Latium.
(3) Volpi (1686-1766) Latium vetus profanum et sacrum (Padoue et Rome (1729-1736) 9 vol. in 4.
(4) Nibby - Voyage antiquaire dans les environs de Rome.
(5) De Bonstetten. Le Latium anc. et moderne, ou voyage sur la scène des six derniers livres de
l'Énéide, à Genève, chez J.J. Paschoud, an XIII (1805) 5 f.; – 1862. Genève Cherbuliez, 3.50.
(6) Essai sur la topographie du Latium – (thèse de Doctorat présentée à la faculté des Lettres de Paris, Paris, Durand, lib.
1856, 1 vol. in 4.
(7) Campagne de Rome, 1 vol in 8. — Rome souterraine, 1 vol. in-18. Cherbuliez.

Sans avoir été à Rome, qui ne connait un peu la Campagne Romaine, qui n'a contemplé dans Cl. Lorrain et dans Poussin « cette lumière qui semble idéale et plus belle que nature », qui n'a vu dans la lettre à Fontanes ces austères solitudes « d'où s'élèvent je ne sais quelles voix mystérieuses qui calment les passions et retrempent les âmes brisées. »

C'est un charme de s'engager sur la voie Appienne, la Regina viarum d'Horace, de fouler la dalle sur laquelle a passé la litière du chantre de Tibur. Là seulement on commence à comprendre toute la vanité des grands de Rome : ces tombeaux de Cecilia Metella, de Scipion, de Servilius qui semblaient construits pour l'éternité, n'ont pu résister aux flots du genre humain.

Vous montez sur une colonne antique pour contempler cette double file de ruines qui s'étend à l'infini dans la campagne inhabitée, silencieuse... Vous ne vous attendiez guère à une pareille éloquence, à une telle solennité! C'est l'image encore vivante de la gloire, de la puissance, de la misère, de la désolation. Bien souvent je m'avançai fort loin sur la via Appia. Tous les souvenirs enfouis dans mon cerveau remplissaient pour moi cette solitude. Je croyais revoir les vieux romains parce que je foulais le même sol qu'eux et que leurs ombres m'entouraient.

Mais l'homme ne vit pas seulement de souvenirs et de contemplation. Quand j'avais ainsi longtemps erré seul au milieu des ruines, la soif ou la faim se faisant sentir, il me fallait revenir sur mes pas pour assouvir ces deux tyrans. Que ne peut-on, me disais-je, vivre ici de la vie des antiques habitants du Latium! Ils n'avaient aucun besoin: un morceau de pain, une cruche d'eau de l'Aqua Felice leur suffisaient! Leur existence n'était pas comme la nôtre misérablement accrochée aux mille nécessités de la civilisation! Leurs corps et leurs âmes étaient de porphyre et de granit; les nôtres sont de craie et de plâtras!

Je vis Tivoli dont les cascatelles semblent un écho des vers d'Horace, Tusculum, plein encore du nom de Cicéron, Castel Gandolfo, délicieuse résidence des Papes en été, le lac d'Albano, un peu comparable au lac de Côme, mais d'un genre de beauté plus sombre et plus majestueuse; Velletri, l'Arles de l'Italie... Ce serait être injuste envers ces sites incomparables que de les décrire en moins de vingt pages.

Il me devient de plus en plus difficile de vous rendre compte de mon séjour à Rome. Dans quelle langue, en quels termes raconter ce qui se passait alors en moi. Quelle forme donner à ces émotions intimes qui vivent de silence et de mystère?

Plus mon départ approchait, plus ces lieux saints me devenaient chers. Il me semblait que je n'avais pas assez mis à profit les dix-huit jours que j'avais eu le bonheur de vivre au milieu d'eux.

Je voulus une dernière fois m'emplir les yeux des lignes éternelles de Rome. Je gravis le Monte Pincio. Je m'assis sous les ombrages touffus de la Villa Médicis.... Oh! si vous voulez toujours rester maître de vous, ne donnez jamais à vos yeux cette ineffable et dangereuse volupté!...

Je voulus adresser un dernier et suprême adieu à la reine de l'Univers... les sanglots étouffèrent ma voix.

. . . .

. . . .

Naples seule pouvait me consoler de quitter Rome. Naples avait toujours été pour moi un rêve, un mirage... Son ciel!... Que de fois j'en avais aspiré la chaleur dans Corinne, Châteaubriand et Lamartine! Que de fois ma pauvre imagination captive était allée s'abattre vers cette patrie du soleil et des couleurs, beaux coups d'ailes vers ces contrées où les sensations de l'homme parcourent en une heure la gamme entière des vibrations de l'âme. J'allais donc enfin posséder ces lieux chéris du divin auteur des Méditations, où il a laissé son cœur et sa lyre, ciel aussi pur que son âme, flots aussi mélodieux que ses vers !

Avant d'être initié aux voluptés Napolitaines, j'eus au Mont Cassin un délicieux prélude.

Je n'essaierai pas de vous décrire l'Abbaye du Mont Cassin, ce Sinaï du Catholicisme[*] au moyen-âge : la Storia della badia di Monte Cassino, du P. Didon Tosti[**] les belles pages d'A. Dantier vous l'ont suffisamment fait connaître. Mais il faut y venir pour savoir quelle aimable et vraiment chrétienne hospitalité[***] on y reçoit : la vraie fraternité est là !

Je n'eus pas le bonheur d'entrevoir le P. Tosti ; il n'est plus au Mont Cassin, m'a-t-on dit. Mais j'ai été accueilli comme étranger par Monsieur T* professeur de langue française, une âme ouverte et sympathique comme on en rencontre trop peu. Nous ne nous étions jamais vu. Pourquoi donc une fréquentation de quelques heures fait-elle que l'on sympathise comme si l'on s'était vu tous les jours, qu'en un instant on s'est connu, on s'est pénétré et l'on s'aime ? Je lui dois le plus doux souvenir de ma visite au Mont Cassin. Qu'il

---

[*] Expression autorisée par cette inscription placée dans l'abside que S. Didier fit élever au XIe siècle : Hœc domus est similis Sinaï sacra jura ferenti.

[**] Un historien, un penseur, un réformateur respectueux, mais imbu de l'esprit moderne". H. Taine.

[***] Au seuil même de l'Abbaye, l'inscription suivante vous annonce l'hospitalité qui vous attend :
Fornice oaxis asperu ac depressu
Tantæ moll aditum augusta
Ne mireris hospes
Augusta fecit patriarche sanchtus
Venerare potuis
Et so pes migredere.

reçoive ici l'expression franche et sincère de ma reconnaissance.

Or me donna une chambre au fond d'un corridor haut, large, retentissant et sonore Descartes enfermait dans un poêle pour méditer. S'il eut possédé cette retraite, je crois qu'il ne l'eut jamais quittée et y eut inscrit sa devise : « Parva sed apta mihi ». On y jouit en effet d'un complet et perpétuel silence : les bruits de San Germano et des vallées voisines ne montent pas jusque là : séjour serein s'il en fut, d'où l'on doit voir d'un œil indifférent les petites ambitions et convulsions humaines.

L'Abbaye du Mont-Cassin n'est pas comme la Chartreuse de Grenoble un monde de morts qui prie dans le monde des vivants : c'est un centre, un foyer intellectuel où l'on conserve pures les traditions littéraires du passé. Aucun mouvement intellectuel cependant n'y est étranger : les visites, les journaux, les publications récentes, tiennent au courant de ce qui se passe dans les régions inférieures de la terre. C'est là que j'eus un songe que le temps ne trouble ni efface, et qui m'a laissé une impression de bonheur. Je vous le demande, y a-t-il dans les songes quelques sens prophétiques ?... Vous souriez ! Mais le rêve est à l'homme, si la réalisation ne l'est pas. On a bien le temps de revenir sur la terre pour y cheminer en compagnie de la réalité, sous la férule du jugement et de la raison. Les heures qu'on passerait là se ressembleraient à peu de chose près, quant au dehors seulement. La vie intérieure serait si variée, si changeante !

Le salut vraiment fraternel du réveil, le repas frugal pris en commun, la promenade, les heures chaudes du jour employées à fouiller les trésors de la bibliothèque, la rentrée dans les chambres nues, mais si éloquentes dans leur nudité, le temps passé sur la terrasse à contempler les

merveilles de l'horizon, les soirées écoulées en causant litté-
rature, arts, sciences, philosophie ou politique... à tous
les charmes d'une telle existence, ajoutez les douceurs
de l'amitié, les rêves dorés de l'imagination, et vous
serez encore loin de la source des félicités qu'on puise-
rait au Mont-Cassin.

Voilà sans doute bien de quoi faire sourir les gens
qui ne comprennent pas le bonheur sans l'aide d'un vœu
comblé, sans le secours de la vanité satisfaite. La société,
voyez-vous, est une maîtresse d'hôtel garni qui tient fort
à louer ses chambres... mais qu'elle se rassure : cet exem-
ple ne serait guère contagieux, on aime mieux, aujourd'hui
la table, les femmes, le tabac et les chevaux, triste cata-
logue des plaisirs de la brute, où l'homme flétrit jusqu'au
sein qui l'a porté.

— Amis qui me lirez, ne riez pas. Quand on a
une âme (vous en avez une !) croyez-vous qu'on ne
souffre pas des choses de la vie, qu'on ne sente pas couler parfois dans ses veines comme un ruisseau de lave
ardente. Croyez-vous que la surabondance de vie et
de sensation qui déborde n'a pas besoin de se répandre
loin des regards indifférents ou railleurs !

Depuis que j'ai visité le Mont Cassin, son souvenir ne me quitte plus, il dilate ma pensée en d'étranges
rêveries. Son image existe aujourd'hui dans mon cerveau comme un des points du globe vers lequel me porte
une sympathie indéfinissable. Et qui sait ?.....j'y
dois peut-être retourner un jour pour asseoir ma vie
et respirer à mon aise. L'existence qu'on y mène est
en si parfaite harmonie avec mes sentiments intimes, la

nature du site a une si merveilleuse consonnance avec ma dis-
position intérieure !...

. . . .

Le trajet de San Germano à Naples se fait en quatre heures. J'arrivai à la nuit tombante. Sans perdre un
instant, je courus sur le quai de Chiaja. La réalité sur-
passa mon attente : ce fut une extase. Je restai plus d'une
heure ébloui, sans pensée, sans désir. J'étais un je ne sais
quoi qui frissonne et palpite : c'était presque une transfor-
mation de ma propre substance.

La lune, large, commençait à montrer son disque
rouge au dessus du Vésuve, quand je songeai à chercher
un gîte pour la nuit. N'en pouvant trouver aucun à ma
convenance, je fus au Pausilippe m'établir au bord de la
mer, dans l'humble et pittoresque demeure d'un pauvre
pêcheur qui faisait vivre du produit de sa pêche sa
femme et ses deux jeunes enfants.

Le soir même, je partageai leur frugal repas, con-
sistant en laitage et quelques poissons frits.

Un peu de paille fraîche fut ma couche.

Dans une telle atmosphère, au milieu d'hôtes si
honnêtes et si près de la nature, quels rêves et quels songes
durent s'emparer de mon imagination !

Le trop court séjour que je fis chez ces braves gens
restera éternellement gravé dans ma mémoire, encadré
des plus gracieuses images. Je vivais de leur vie, je les ai-
dais dans leurs rustiques travaux. Je me levais de bonne
heure comme eux, et quand la mer était propice, nous
partions, le père, le fils aîné et moi, pour la pêche, en vue
d'Ischia. Nous rentrions souvent à une heure avancée

de la nuit.

Je passais ainsi des journées entières au milieu de ce golfe enchanteur, sur cette mer d'azur, toute parsemée de voiles blanches, sous ce ciel aux merveilleuses teintes. Mais non, je ne veux rien décrire!

J'employai huit jours à explorer la côte, toujours solitaire, sans que l'ennui ou la lassitude m'aient gagné un seul instant.

Je gravis, avec un guide les flancs du Vésuve, véritable empire de la mort, royaume de scories et de cendres, où tout est merveille et terreur; je vis Pompéi, une antiquité vivante.

Pompéi, corps gisant d'une ville endormie
  Saisie un jour par le volcan — (V. Hugo)

Herculanum, Torre del Greco, Torre del Annunziata, Castellamare, Vico d'Equense, Sorrento. Sorrento! la perle du Golfe de Naples. Au sein d'une telle nature, on comprend qu'une femme ait pu concevoir celui qui devait être «le poëte le plus tendre et le plus mélodieux de son siècle». J'eus, pendant trois jours, à l'hôtel Tramontano, une chambre délicieuse donnant sur la mer. Que d'heures d'une félicité parfaite j'ai passées le soir sur ma terrasse à voir le soleil mourir sur le golfe en l'entourant d'un reflet magique!

Sorrento n'est pas un site de la terre... Qu'il serait doux d'y vivre et aussi d'y mourir! La vie n'y est qu'un enchantement, dans quelques heures d'illusions, et la mort elle-même y est gracieuse et sereine. S'il était permis à l'homme de choisir sa tombe, c'est là que je voudrais placer la mienne . . . .

.   .   .   .

.   .   .   .

.   .   .   .

. . . . Et il ajouta : « Durant mon séjour à Naples, j'avais loué au-dessus de la Mergellina une chambre spacieuse et simple d'où l'œil embrassait tout le golfe. Je ne descendais à la ville qu'aux heures chaudes du jour : le Musée national m'offrait un insatiable aliment. Je n'en voyais chaque jour qu'une très-minime partie afin d'en mieux tirer profit. Au soleil couchant, je regagnais à pas lents ma solitaire demeure en prenant les sentiers les plus détournés et les plus solitaires. Mais je n'y rentrais pas. Pauvre amant du beau, j'aimais trop à contempler les merveilleuses combinaisons de l'ombre et de la lumière. Je ne pouvais me rassasier de cette fête donnée à mes yeux. Je m'abîmais jusqu'à une heure avancée de la nuit, dans cette contemplation muette et profonde sans laquelle on ne se pénètre jamais des effluves du beau.

Vous dirai-je les nuits d'extase et de fièvre que je passai assis sur un rocher, ayant à mes pieds le Golfe de Naples, étincelant sous la lune argentée !

Je vous plains, ô vous qui venez ici, et qui ne voyez, ni ne sentez cela ! chez qui les splendeurs de l'horizon n'éveillent aucune sensation ! Eh quoi ! vous respirez cette brise aromatique sans qu'elle vous pénètre, sans en sentir même la saveur ! Vous ne vous sentez pas rajeunis et retrempés dans cet air vif et subtil, parmi ses fleurs si belles, au milieu de cette population pittoresque, molle et paresseuse comme l'onde, comme ce jour de mai si doux et si somnolent !

Vous ne sentez rien ! c'est que l'instinct divin n'est plus en vous. Il ne reste que l'animal. Lui seul s'est développé, et le dieu s'est éteint dans tout votre être ! . . .

En vain vous chercheriez à saisir dans cet air un son, un souffle que vous rendent une émotion ! » — Il eut là un court silence. L'enthousiasme qui semblait en ce moment l'inspirer

donnait à sa voix quelque chose de vibrant et que je ne lui con-
naissait pas. Il reprit : « C'est là que j'ai fait mon éducation,
car, croyez-moi, pour voir il ne suffit pas d'ouvrir les yeux :
à ce compte, le premier rustre le pourrait faire et les chiens
aussi y verraient. Décamp l'a dit : « L'œil est un alambic dont
le cerveau est le récipient, mais il faut savoir s'en servir : nul
n'est chimiste pour posséder des cornues. Il faut apprendre à voir.»
Là, en effet, est toute la théorie, là aussi, tendirent mes efforts....
Lamartine, V. Hugo avaient été mes premiers maîtres ....

J'avais toujours sous les yeux Procida, l'île de mes rêves.
Pouvais-je résister au désir de fouler son sol ! C'est là que j'eus
une apparition délicieuse sous la forme délicate et pure... Hier
encore, pendant mon sommeil, je crus un instant que c'était
son ombre qui m'apparaissait. J'osai marcher après elle. Mais,
substance éthérée que le vent emporte, elle disparut à mes
yeux. Depuis la vision divine de Procida, la nature me semble bien pauvre, le ciel bien terne, la mer bien étroite... Vous
me comprenez, n'est-ce pas, ô vous dont le cœur.... vous eûtes
peut-être aussi cette heure délicieuse de la vie où l'âme et l'i-
magination vibrent à l'unisson. Peut-être aussi vîtes-vous
comme moi cette partie de votre existence se détacher, s'étein-
dre ce rayon d'espoir !

Et voilà pourquoi le visage adorable et riant de la
pauvre Procitane que nous vîmes hier à San Marco m'a at-
tristé plus qu'il ne m'a réjoui. Le silence d'une séparation, sans
doute éternelle pèse sur mon âme et l'offense....» Mon compagnon suspendit un instant son récit, et passant la main sur son
front d'airain, comme pour en chasser un nuage, il reprit à
voix basse : « Procida ! Procida ! tu as été pour moi un rayon du
soleil après l'orage, tu es l'île où désormais la tempête me jettera

C'est là, ajouta-t-il en me regardant tristement, c'est là que la nature m'est apparue sous des couleurs plus étincelantes, que la jeunesse a palpité plus vivace et plus riante dans mon sein... O jours heureux et calmes qui me révélèrent un mystère jusque là impénétrable et jusque là tranquillement respecté !... »

J'avais écouté en silence le trop court récit de mon compagnon. Je lisais dans ses yeux l'impression que produisait sur son âme le souvenir de ces jours fortunés. Son émotion se revélait par la gravité de son visage et la flamme de son regard. C'est alors que j'aurais voulu qu'il eut ses pinceaux, et que les belles images empreintes dans son cerveau, il les répandit sur la toile. Je vous l'ai déjà dit : j'avais trouvé dans ce sympathique jeune homme une imagination naïve et franche, une passion désintéressée du beau allant jusqu'à l'enthousiasme.

Il me dit : « A vous maintenant de me reporter vers ce pays d'où sont partis tous mes rêves. Puissiez-vous faire retentir à mon oreille les échos napolitains !... »

« Je n'ai, repris-je, ni la voix assez douce, ni la parole assez suave pour vous redire l'harmonie des flots du Golfe de Naples. J'aime mieux entraîner un instant votre pensée sur le sol Virgilien.

Qu'il y aurait un beau livre à écrire sur cette terre classique, je veux dire un livre où tous les souvenirs de l'antiquité seraient évoqués au milieu d'un récit attachant.

Les principales scènes du roman (car c'en serait un à la façon de Corinne) se dérouleraient au Pausilippe, à la Mergellina, heureux séjour de Sannazar, rivages jadis funestes à la vertu.

Littora quae fuerant castis inimica puellis !

Les pêcheurs de Mergellina inspireraient l'auteur comme

ils ont inspiré Sannazar lui-même.

Dans le cours du récit, vous seriez conduit au tombeau de Virgile où Pétrarque guidé par le roi Robert vint planter le célèbre laurier renouvelé de nos jours par Casimir-Delavigne. Puis traversant la Grotte de Pausilippe dont Sénèque a dit : « Nihil illo carcere longius nihil illis faucibus obscurius. » vous arriveriez au lac d'Agnano, à la Solfatara olla Vulcani « Vesuve sur le retour qui a bien dû faire des siennes en son jeune âge, il y a dix mille ans. » Enfin, vous voici aux Enfers de Virgile. Pour y venir Énée était débarqué à Cumes

Et tandem Euboicis Cumarum allabitur oris.

Après une visite au lac Averne, Averne graveolens, vous entrez avec Énée dans le vestibule des enfers[*]

Spelunca alta fuit, vastoque immanis hiatu.

On ne fait plus de sacrifices aujourd'hui pour y pénétrer, et la terre ne tremble pas. On paye un franc et l'on descend à tâton,

Ibant obscuri sola sub nocte per umbram.

Depuis l'éruption du Monte Nuovo (1588) on revient sur ses pas en laissant Énée continuer sa route par l'ancienne issue, vers le Tartare et l'Achéron.

Vous êtes à Cumes. On ne va plus aujourd'hui consulter la

---

[*] — Pour l'étude des Enfers de Virgile, conférez :

Andre de Jorio — Viaggio d'Enea all' Inferno e dagli Elisii secondo Virgilio (Napoli stamp. reale 1823. 3.ᵉ édit. Naples 1831. Stamp del Fibreno.

Mérières — De fluminibus inferorum - Paris. Joubert, 14, rue des Grès, 1853.

Heine — P. Virgilius Maro qualem omni parte illustratum tertio publicavit christian Gottlob Heine. Édit. Lemaire. 8 vol. in 8. 1859.

Philippi Clüverii — Italia antiq. tome II, lib. IV, c. 3.

Kellier — Géographie de Virgile. Nouvelle édit. par Masselin. 1820.

Ch. de Bonstetten — Déja cité.

A. Jal — Virgilius Nauticus (publié à la suite de la Flotte de César. Didot, 1861.

Ch. Dezobry — Rome au siècle d'Auguste. 4 vol. in 8. Dezobry, édit.

Sainte-Beuve — Étude sur Virgile. 1 vol. in 18. Garnier.

J.J. Ampère — L'Histoire romaine à Rome. 4 vol. in 8. Lévy. Voyage aux Enfers de Virgile (Poésie in : Heures de Poésie)

H. Joannet — Une descente aux enfers, 1 vol. in 18. Didier, 1874.

Sybille. La rocca di Cuma seule subsiste et sur cette roche le temple d'Apollon.

Arces quibus altus Apollo
Antrum immane petit.

De Cumes, on redescend au Lac Fusin, l'antique Achéron: on traverse l'aqua morta, le Cocyte.

Turbidus hic coeno vastaque voragine gurges
Æstuat, atque omnem cocyto eructat arenam,

enfin le Tartare. Vous êtes aux Champs Elysées !...

Puisse l'auteur de l'ouvrage que j'appelle de mes vœux vous faire oublier les heures au milieu de ces souvenirs de l'antiquité, puisse-t-il faire revivre l'homme d'il y a deux mille ans: ses pensées, ses passions, ses croyances, ses plaisirs.

Le vrai séjour des voluptés romaines était à Baies.

Nullus in orbe sinus Baiis praelucet amoenis.

Baies, station thermale, si fréquentée au temps d'Auguste, mais bien mal famée puisqu'il suffisait « qu' une honnête femme en respirât l'air pour perdre tout sentiment de pudeur et de vertu. »[1]

C'était le rendez-vous des prodigues ruinés[2] des libertins, des gens sans mœurs[3]

Puissiez-vous revoir Baies avec tous ses enchantements : cette mer d'azur parsemée de barques voluptueuses[4] aux rames légères (remis confisa minutis)[5], aux voiles de pourpre remplies de femmes en déshabillés galants ! Les deux entretiens se prolongeaient fort tard; on soupait sur l'eau, on parfumait le lac de roses qui dérobaient presque ses ondes à la vue[6]

---

(1) Cicéron — Pro Coel. . 20 .
(2) Juvénal — Sat. II, vers. 46.
(3) Cic. id. 11 . 15
(4) Sénèque — Epist. 51.
(5) Propert — I . 11.
(6) Fluctantem tota lacu rosam (Seneq. epist. 51)

Quelle vie et quelles mœurs ! Comme l'historien de ces fêtes galantes pourrait se répandre en citations des poètes ! Les jolis petits soupers auxquels il vous ferait assister en vous conduisant à la bastide de Lucullus !

Nos vices sont bien mesquins, nos folies bien pauvres et bien misérables comparées à celles dont Baies fut le théâtre. Une honnête femme se compromettait en y restant.

Properce disait à Cinthie :

Tu modo corruptas quam premium desere Baias !

Une telle vie avait peut-être son excuse. Il y a tant de séduction dans cette mer qui caresse amoureusement la terre, dans ce rivage si bien fait pour le plaisir !

O Napolitains mes amis, s'écriait Ch. de Brosses, que faites-vous de vos richesses, si vous ne les employez à faire renaître en ce beau lieu ses anciennes délices ! »

Mais le nom de Baies éveille aussi en nous d'autres pensées. Le divin auteur des Méditations y a porté ses pas et sa lyre ; il a noté les monuments, les impressions de la rive et des flots. Sous ses accords célestes, les échos sont devenus plus sonores et plus purs ; ils nous ont fait entendre ce qu'il y a de plus mélodieux dans les sons !

Le langage du poète n'est pas un langage humain, c'est une eau limpide et courante qui écrit ses murmures et qui les chante.

Le séjour de Naples m'avait rendu meilleur : je ne sais quoi de pur, d'élevé, de joyeux m'avait visité, et quand je dus partir pour gagner les rivages de l'Adriatique, bien que la séparation fut amère, j'étais entouré d'une félicité parfaite, d'une vivante et presque savoureuse joie.

Au départ, la nuit qui s'avançait était si belle que son recueillement me gagna. Je vis passer sous mes yeux, comme dans un songe Caserte, Benevent, Foggia, Vasto, Fermo, un songe de treize heures! Je descendis à Loretto pour visiter la Santa Casa, mais non pour y porter un ex-voto comme le sceptique Montaigne. Je dois vous le dire, Lorette n'inspire « aucun sentiment dévotieux ». L'humble cabane est aussi méconnaissable sous ses vêtements de marbre que la morale évangélique sous la poésie du Cardinal Bembo.

Je restai un jour et demi à Ancône pour contempler tout à mon aise la verte et resplendissante Adriatique. A Naples, on bénit le sort qui vous retient au rivage. Ici, au contraire, la vie du marin est contagieuse. Combien elle est favorable aux développements de l'imagination et de la pensée! Heureux marins! me disais-je, en voyant les navires lever l'ancre, Heureux marins! qui vous promenez éternellement sur cette prairie mouvante et sans limite, qui veillez aux étoiles, qui voyez se lever tant de rayonnantes aurores, se coucher de si magnifiques soleils! » J'enviais surtout le sort du gabier « coq vivant de ce clocher-voyageur qui s'appelle un mât, sentinelle perdue dans les nuages. »

Le 6 mai, j'entrais dans une ville étrange, aux rues entourées de mystérieuses arcades; deux tours qui se penchent lui donnent un faux air de Pise. Vous débouchez sur la place du Dôme et vous vous croyez à Florence: au milieu, une fontaine de Neptune entourée de syrènes sœurs jumelles des Sabines. Tout autour de la place des édifices du XIII.e siècle. Vous faites quelques pas dans les rues voisines et toujours des arcades, toujours de sombres demeures dont quelques unes sont l'œuvre de Palladio.

Quelle est donc cette cité singulière? Est-ce Florence, est-ce Pise, est-ce Gênes!... Non. C'est une cité que l'on dit sombre et silencieuse... c'est Bologne. Je m'attendais à une impression triste: elle fut tout autre, Quiconque, une fois dans sa vie, veut avoir une idée du beau réalisé sur le visage humain doit venir dans la capitale de l'Émilie. Il y verra des femmes d'une beauté qu'il ne soupçonnait guère. Ce n'est cependant pas l'œil voilé de mélancolie ni le front parfois rêveur des Florentines; ce n'est pas le port noble et la démarche grave des Romaines; ce n'est pas non plus cet air nonchalant et voluptueux des belles du Titien et de Georgione. Non, les Bolonaises ne peuvent se comparer à rien. Voyez les dans les rues, sur les places publiques, sans bonnet, sans chapeau, n'ayant pour coiffure qu'une simple mantille espagnole, glissant sur leurs cheveux immenses, touffus, de cette belle couleur noire par laquelle le soleil a passé! Qu'elles se parent simplement, noblement, avec une bonne grâce unie et charmante! Quelle intelligence déborde de ce regard qui vous fascine, de cet œil noir d'où la passion ruisselle!

Le sentiment qu'elles inspirent est sans doute la passion qui brule mais qui purifie, il n'est que l'amour du beau, l'admiration, l'enthousiasme, le dévouement de l'âme à un être d'idéale perfection physique et morale. Heureux celui qui peut marcher sur les pas d'un de ces anges de la terre! Heureux celui qui peut se réchauffer à cette chaleur des cieux, qui anime et renouvelle, qui donne à tout ce qui l'entoure les couleurs, la grâce, l'espérance et la vie!....

. . . . - - . . . . .

Vous dire, Monsieur, tout ce que j'ai vu et senti durant ces quatrevingts jours, n'est guère possible. Je ne m'en souviendrai bien que dans quelques mois. Que de jouissances j'ai amassées là, pour l'avenir! Elles me rappelleront ce que la vie a eu de meilleur pour moi, et je me consolerai de vivre encore par le souvenir d'avoir vécu! »

Venise seule peut vous donner une idée de Venise. J'avais lu le Shylock, le quatrième chant de Child Harold, les poésies sur Venise de l'auteur de Rolla, les Lettres d'un Voyageur; mais ni Shakspeare, ni Byron, ni A. de Musset, ni G. Sand n'ont exprimé tout le charme mystérieux et la beauté fascinatrice de la Reine de l'Adriatique. Venise est la patrie des grâces secrètes et des séductions inconnues.

Ni les toiles de Canaletto, ni les aquarelles de Bonington, de Joyant, de Wyld et de Ziem ne peuvent rendre ces splendeurs inconnues ailleurs. Leurs mains sont trop humaines pour traduire cette eau verte des lagunes brisées le soir en mille éclats de lumières, ces reflets bleuâtres de la lune répercutés sur les palais de Sansovino de Palladio, de Sammichele, de Tremigiano!

Non, vous ne connaîtrez Venise qu'en allant à Venise.

Mais puissiez-vous ne pas vous bercer trop longtemps sur son sein: ce voluptueux bercement laisse un souvenir éternel, une incurable nostalgie.

Imp. G. Veronnet, pass. H. Dieu, 40, Lyon.